AF440407

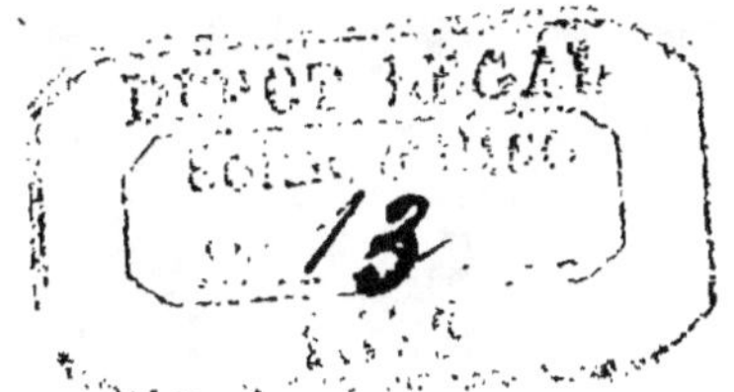

EDM. VALENTIN

ANCIEN DÉPUTÉ DE L'ALSACE

Ancien Préfet de Strasbourg et de Lyon

COMMANDEUR DE LA LÉGION-D'HONNEUR

Edm. VALENTIN

ANCIEN DÉPUTÉ DE L'ALSACE

ANCIEN PRÉFET DE STRASBOURG ET DE LYON

PAR UN ÉLECTEUR DE SEINE-ET-OISE

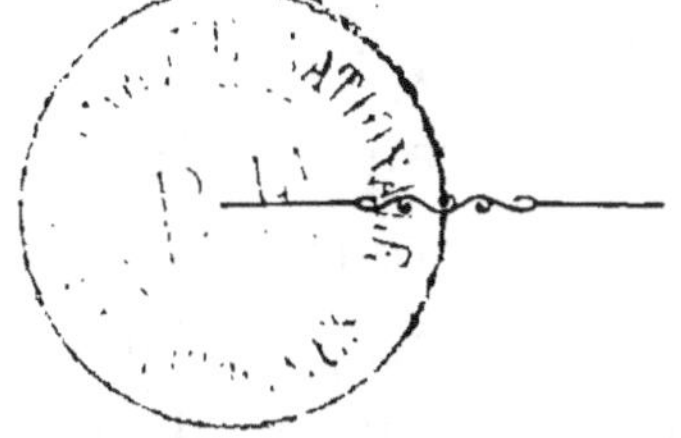

La ville de Versailles compte aujourd'hui parmi ses habitants un de ces hommes qui honorent à la fois leur parti et leur pays.

Valentin (Marie-Edmond) est né à Strasbourg le 27 avril 1823. En 1840, il s'engagea, sur les bruits de guerre imminente, soulevés par la question d'Orient, et ce fut dans les rangs du 6ᵉ bataillon de chasseurs à pied que les électeurs du Bas-Rhin, ses compatriotes, allèrent le chercher, le 10 mars 1850, pour faire du modeste sous-lieutenant d'infanterie un Représentant du peuple à l'Assemblée législative. Adversaire déclaré des intrigues bonapartistes, il siégea sur les bancs de la gauche, et il eut, en 1850, un duel avec M. le vicomte Clary, son collègue, membre par alliance de la famille Bonaparte, duel dans lequel il reçut un coup d'épée qui lui traversa la cuisse de part en part.

Survint le coup d'Etat du 2 décembre. Au milieu de la nuit qui le précède, à 4 heures du matin, Valentin est réveillé par des agents de police, qu'un traître a introduits dans sa chambre; sans armes, sans vêtements, il ne peut que protester avec indignation contre le guet-apens dont il est la victime ; on l'entraîne à Mazas, et la première personne qu'il rencontre, en arrivant dans cette prison, c'est M. Thiers, arrêté comme lui, sous la menteuse inculpation de conspiration contre la sûreté de l'Etat.

Quelques jours après paraît une liste de proscription. Valentin y figure le premier. En proscrivant un député de l'Alsace, l'Empire préludait au coup dont il devait frapper, dix-neuf ans plus tard, l'Alsace elle-même, destinée à devenir la rançon de la France et le butin de l'étranger.

Valentin se dirige sur la Belgique, où il compte s'établir ; mais il apprend que sa mère est dangereusement malade ; il veut la revoir, et franchit la frontière. Le gouvernement impérial, instruit de ce voyage, signifie au gouvernement belge d'expulser le proscrit. La Belgique obéit. Valentin se retire en Irlande, où il séjourne cinq ans, puis en Angleterre. L'école d'application du génie et de l'artillerie de Woolwich lui offre une position qu'il accepte, et il professe, de 1860 à 1870, un cours d'histoire militaire.

C'est là qu'il apprend la fatale guerre que l'Empire vient de déclarer à la Prusse ; aussitôt il vient à Paris, et il écrit au ministre de la guerre la lettre suivante, qu'il porte lui-même au ministère :

« 16 juillet 1870.

« Monsieur le Ministre,

« Au moment où le drapeau se déploie en face « d'un ennemi qui rêve ouvertement l'humilia- « tion et le démembrement de la patrie, l'oubli « des discordes civiles s'impose à tous les Fran- « çais.

« Je viens en conséquence vous demander de « m'autoriser à rentrer, comme simple volon- « taire, dans les rangs du 6ᵉ bataillon de chas- « seurs à pied, où je servais comme officier au « moment de mon élection à l'Assemblée légis- « lative.

« J'ai l'honneur, etc.

« *Signé :* VALENTIN. »

Cette lettre si honorable, qu'un gouverne- ment, vraiment soucieux des intérêts de la

France, n'eût pas manqué d'accueillir avec empressement, cette lettre resta sans réponse.

Le gouvernement impérial s'écroula le 4 septembre, sous la honte de ses désastres. Dès le lendemain matin, M. Gambetta, ministre de l'intérieur, fit appeler Valentin : « Strasbourg, lui dit-il, est assiégé depuis le 8 août, bombardé depuis le 15, investi depuis le 20, étroitement bloqué par les troupes allemandes. Je vous annonce que vous êtes nommé préfet de Strasbourg. Vous allez partir immédiatement. Voici votre commission. » Et, séance tenante, il écrit le décret suivant que les membres du gouvernement revêtent de leur signature :

« M. Edmond Valentin est nommé préfet du département du Bas-Rhin, le gouvernement s'en rapporte à son énergie et à son patriotisme pour aller occuper son poste. »

Quelques heures après Valentin monte en chemin de fer et se rend à Mulhouse.

Le 8 septembre au soir, sous la conduite d'un brave employé des ponts et chaussées, nommé Stoos, il franchit les lignes prussiennes à Mutterholz, à environ 30 kilomètres au sud de Strasbourg. Le lendemain, tous deux tombent dans un poste allemand. Valentin, qui, grâce à son long séjour en Angleterre, parle l'anglais comme sa langue maternelle, se donne pour un Américain qui va visiter sa famille, est relâché au bout de 15 heures; il peut continuer sa route.

Il passe sur l'autre rive du Rhin, en suit le cours jusqu'à Kehl, en face de Strasbourg, dont il n'est plus séparé que par un bras du fleuve, il est sur le point de se jeter à la nage, quand une patrouille allemande le surprend. Cette fois il se présente comme le correspondant d'un journal américain. Son accent donne encore le change ; on lui rend sa liberté, mais avec ordre de se tenir à 30 lieues du rayon d'opération des armées allemandes.

Il se décide alors à tenter le passage par le front d'attaque même de la place, et rentre en France par Wissembourg. Le voilà à plus de 50 kilomètres au nord de Strasbourg : il a décrit un large demi-cercle autour de la ville. A Wissembourg, il se procure un passe-port et se met en marche directement sur Strasbourg, portant cachée dans la doublure de sa manche la commission qu'il a reçue du gouvernement français. Il atteint Schiltigheim, village qu'il s'est donné pour objectif; c'est là que commencent les tranchées prussiennes, c'est là que le général en chef de Werder a son état-major; la maison à laquelle Valentin demande l'hospitalité est précisément celle où loge ce général.

On l'accueille avec empressement, on le cache dans un grenier. Il y reste deux jours et deux nuits, séparé des officiers prussiens par un mince plancher au travers duquel leurs conversations pénètrent distinctement jusqu'à lui.

Le 19 septembre, à la tombée de la nuit, il croit l'occasion propice. Il a remarqué que la tranchée reste toujours inoccupée pendant quelques minutes, au moment où l'on relève les postes. C'est le moment qu'il choisit. Il prend sa course, parvient jusqu'à la tranchée, qu'il trouve en effet déserte, et se lance dans la plaine qui descend jusqu'à l'Aar, sur une étendue de plus de mille mètres.

Mais les Prussiens ont aperçu le mouvement des tiges de maïs au milieu desquelles il rampe et qu'il agite en passant. Un feu terrible est dirigé sur lui par les batteries prussiennes ; les batteries françaises répondent. Il continue sa route sous ce double feu, et après trois quarts d'heure des plus pénibles efforts, il atteint enfin le bord de l'Aar; les obus et les balles l'ont respecté.

Il se jette dans la rivière, mais sur la rive opposée les roseaux et les herbes l'empêchent de prendre pied. Il repasse l'Aar, cherche un endroit plus favorable, le trouve enfin : quelques minutes après, il aborde et gagne, par le chemin couvert, le bord du fossé inondé qui couvre la lunette 56.

Là il se jette de nouveau à la nage et parvient jusqu'au parapet de la lunette, sur lequel il se dresse brusquement en criant : France ! Des coups de fusil retentissent : ce sont les Français eux-mêmes qui, déconcertés par cette apparition tirent sur lui. Les balles l'épargnent encore ; il réussit à faire comprendre qu'il apporte un message et demande à être conduit à l'hôtel du gouverneur.

Le lendemain matin, à la pointe du jour, un officier et quelques hommes le conduisent au palais. Le bruit s'est répandu dans la ville qu'on vient d'arrêter un espion ; la foule entoure menaçante cet homme pâle, fatigué, aux vêtements souillés de boue. C'est au milieu de cet accueil qu'il arrive au quartier-général. Le général averti descend à sa rencontre. Valentin se retourne alors vers le commandant de son escorte : « Veuillez, lui dit-il, annoncer au général le préfet de Strasbourg. » Et, décousant sa manche d'un coup de canif, il présente au général sa commission. Le général la parcourt des yeux, et levant son chapeau : « Monsieur, lui dit-il, je vois que le gouvernement a bien choisi. »

Les Prussiens n'ignorèrent pas longtemps l'arrivée de ce préfet dont ils avaient accueilli la nomination par des rires et des moqueries. Qu'on juge de leur dépit et de leur colère ! N'ayant pu atteindre le préfet, ils s'en vengèrent sur la préfecture : ils la réduisirent en cendres dans la nuit suivante.

Mais l'arrivée de Valentin ne ranima que pour bien peu de jours les espérances des assiégés. Strasbourg fut forcé de capituler le 27 septembre.

Valentin avait demandé à partager le sort des troupes prisonnières de guerre, on lui assura qu'il conserverait sa liberté à titre de fonctionnaire civil ; mais le général de Werder revint sur cette assurance, et Valentin fut dirigé sur la forteresse d'Ehrenbreitstein, en face de Coblentz, sous la conduite d'un officier prussien.

Quand il entra dans la forteresse, l'officier lui serra la main avec une émotion profonde, tant le caractère de ce vaincu inspirait d'admiration sympathique même à ses ennemis !

Valentin resta à Ehrenbreitstein jusqu'à l'armistice ; rendu à la liberté, il partit immédiatement pour Bordeaux, afin de se mettre à la disposition du gouvernement. En passant à Lyon, il y trouva le décret qui l'appelait à la préfecture du Rhône avec le titre de commissaire extraordinaire de la République.

Il fut à Lyon ce qu'il avait été à Strasbourg, l'homme courageux entre tous; ce qu'il avait été à l'Assemblée législative, le républicain dévoué; il y fut aussi l'homme de l'ordre et du devoir.

La population lyonnaise, très-surexcitée par les malheurs publics, renfermait dans son sein des éléments de troubles qui pouvaient exercer une influence pernicieuse sur des esprits faciles à entraîner. L'insurrection de la Commune à Paris vint mettre le feu aux poudres.

Le 22 mars une partie des délégués de la garde nationale lyonnaise, ne représentant d'ailleurs qu'une infime minorité de cette garde nationale, adhérait à l'insurrection de Paris. Valentin, qui avait montré son énergie en faisant abattre le drapeau rouge arboré sur l'Hôtel-de-Ville, se trouva subitement isolé dans la préfecture, abandonné par le bataillon de la garde nationale qui devait le protéger. L'insurrection fut alors maîtresse de la ville; elle établit un prétendu comité de Salut public, et ce comité cita devant lui le préfet pour le sommer d'adhérer, lui aussi, à la Commune. « Je ne connais, répondit le préfet, qu'un seul gouvernement, le gouvernement régulier de la République. »

Pendant toute la journée du 23, Valentin ne répondit aux instances, aux menaces, aux fusils dirigés sur sa poitrine que par ce fier langage. Cependant l'insurrection baissait, un retour salutaire se faisait contre elle dans la masse de la population. Dans la nuit du 24, les derniers membres du comité du Salut public vinrent remettre leur démission entre les mains de Valentin et le prier eux-mêmes de reprendre ses fonctions.

Le lendemain, la garnison de Belfort faisait son entrée dans la ville pacifiée, et sur la place des Terreaux où le préfet, ayant à ses côtés le maire Hénon, attendait ces braves troupes, la foule applaudissant les soldats, applaudissant le préfet et le maire, associait tous ces hommes courageux dans une commune ovation.

Le 30 avril, une nouvelle insurrection éclate, prenant pour prétexte la loi municipale que l'Assemblée vient de voter ; l'émeute occupe la mairie de la Guillotière.

Valentin se met à la tête des troupes, marche sur la Guillotière, et reprend la mairie. Dans cette dernière collision, il a la jambe traversée d'un coup de feu. Il tombe, mais l'ordre est rétabli.

La réaction comptait le lendemain sur une revanche et sur des représailles : son espoir fut trompé. Il n'y eut pas le lendemain une arrestation arbitraire, pas un acte de vengeance. Le préfet républicain avait dissipé l'émeute : son devoir était accompli. La réaction ne lui pardonna pas de le comprendre ainsi. Dès ce jour, le grand patriote qui avait tant fait pour la France et la République, pour cette République d'ordre et de légalité qu'il venait de défendre au péril de sa vie, fut incessamment en butte aux attaques des partis réactionnaires : ils réussirent à obtenir sa retraite.

Valentin rentra dans la vie privée. Il ne tenait qu'à lui d'échanger la préfecture du Rhône contre un emploi éminent et lucratif dans l'administration. Une offre très-brillante lui fut faite, il la refusa. Quelques jours après, M. Casimir Périer, ministre de l'Intérieur, soumettait à la signature de M. Thiers, alors président de la République, un décret qui conférait à Valentin le grade de Commandeur de la Légion-d'Honneur : Valentin accepta ; cette marque de haute estime était une réponse catégorique aux calomnies que la réaction répandait autour de sa retraite ; cela équivalait à dire qu'il avait bien mérité de la patrie ! Valentin est resté depuis lors à l'écart des affaires publiques, non qu'il ait oublié sa chère Alsace : il s'efforce sans cesse de revivre au milieu d'elle. Il est un des cinq directeurs élus de l'Association générale d'Alsace-Lorraine ; il consacre ses loisirs au soulagement de ses compatriotes, il cherche à retrouver une image vivante de son pays natal dans ces mères de famille, dans ces petits enfants, dans tous ces déshérités de la patrie, qui se pressent autour de lui, en lui prodiguant les marques de leur affectueux respect.

M. Valentin est venu demander à Versailles l'hospitalité que l'Alsace, livrée par l'Empire à l'Allemagne, ne peut plus lui donner. C'est Versailles qu'il a choisi pour sa résidence définitive, c'est là qu'il a établi son foyer, qu'il, exerce ses droits municipaux et politiques. Il est des nôtres, il tient à nous par les liens de la vie commune, comme déjà par ceux des opinions et des sympathies. Versailles et le département de Seine-et-Oise ont droit d'être fiers d'un tel citoyen.

Cette brochure était composée, lorsqu'a paru le décret convoquant les électeurs de Seine-et-

Oise, pour le 7 février prochain, à l'effet d'élire un député. — Nous apprenons qu'un grand nombre de républicains ont offert la candidature à M. Valentin. Les électeurs, nous n'en doutons pas, ratifieront ce choix, et le département de Seine-et-Oise aura, cette fois encore, parmi ses représentants, un de ces hommes qui ont donné autant de gages à la cause de l'ordre qu'à celle de la liberté.

Versailles. — Imp. E. AUBERT, 6, avenue de Sceaux.